ORAISON FUNÈBRE

DE

MONSEIGNEUR MARTIAL-GUILLAUME-MARIE

TESTARD DU COSQUER

ARCHEVÊQUE DE PORT-AU-PRINCE

PRONONCÉE

À SES OBSÈQUES LE 9 AOUT 1869

Dans l'Église Saint-Michel à Lesneven

Par M. l'Abbé DE LÉSÉLEUC

CHANOINE THÉOLOGAL ET VICAIRE GÉNÉRAL

DE QUIMPER.

QUIMPER

AR. DE KERANGAL, IMPRIMEUR DE L'ÉVÊCHÉ.

1869.

ORAISON FUNÈBRE

DE

MONSEIGNEUR MARTIAL-GUILLAUME-MARIE

TESTARD DU COSQUER

ARCHEVÊQUE DE PORT-AU-PRINCE.

Amodo jam dicit Spiritus ut requiescant a laboribus suis; opera enim illorum sequuntur illos. Apocal. xiv. 13.

Maintenant, l'Esprit de Dieu ordonne qu'ils se reposent de leurs travaux; car leurs œuvres les suivent.

Il n'appartenait, mes frères, qu'à un Évêque de déposer sur cette tombe épiscopale, si douloureusement ouverte au milieu de nous, un dernier hommage de respect, d'affection, de reconnaissance. Nous avons espéré jusqu'à la dernière heure qu'il en serait ainsi; c'était le droit de notre douleur. Pour mon compte, brisé jusqu'au fond de l'âme par le coup que la main de Dieu nous inflige, j'avais bien cru qu'il me serait permis, en descendant de l'autel, de me taire au milieu de ceux dont les larmes sont les plus amères. Mais j'apprends à l'instant même,

et je suis chargé de vous dire que Mgr l'Évêque de
Quimper, subitement arrêté par la maladie, ne peut
venir occuper cette place où l'appelait son cœur
aussi bien que tous les nôtres. Que ferai-je ? Vous
ne voulez pas, mes frères, et je ne saurais vouloir
que cette funèbre journée, où celui que nous pleu-
rons commence de s'appeler sur la terre une grande
et sainte mémoire, s'achève sans qu'un de ceux qui
furent ses amis se soit efforcé de dire aux autres
quel fut le caractère et quelle fut la grandeur de
cette vie. J'oublierai donc que je n'étais point prêt
à remplir cette tâche ; si j'ai besoin d'une spéciale
indulgence, je me souviendrai que, lorsqu'un désir
de son amitié me conduisit, il y a treize ans, dans
cette chaire, sa pieuse ville de Lesneven devina
sur-le-champ la force et la tendresse du lien qui
unissait nos âmes, et m'accueillit, dès le premier
jour, comme un autre lui-même. Je sens d'ailleurs
à quoi vingt-cinq ans de fraternité m'obligent ; je
sens que je connais à fond cette carrière si tôt
brisée de prêtre et d'évêque. S'il est vrai qu'une
autre parole aurait eu pour juger ses œuvres
plus d'autorité que la mienne, personne au moins
ne saurait dire qu'il l'ait mieux connu ou qu'il l'ait
aimé davantage.

Il y a, mes Frères, dans la langue de l'Évangile,
un mot qui résume à lui seul tous les devoirs et

toutes les gloires chrétiennes ; mais ce mot est surtout nécessaire pour caractériser d'un trait l'apostolat catholique. La vie chrétienne, la vie apostolique qui en est la plus sublime expression, c'est
avant toute chose et en toute chose un sacrifice.
Je puis bien oser le dire ici, après que tant de voix,
et à Rome et en France, ont fait entendre le même
langage, rarement un homme fut plus souvent
appelé de Dieu à lui sacrifier tout ce qu'il avait
reçu de lui ; rarement un homme, un prêtre, un
évêque offrit plus souvent et plus généreusement
à Dieu et à la Sainte Église de Jésus-Christ sa
jeunesse, ses joies, ses affections, ses espérances,
sa vie enfin, successivement exposée à tous les
hasards comme à toutes les amertumes, que Monseigneur Martial TESTARD DU COSQUER, Archevêque
de Port-au-Prince. Ah ! consentons enfin, mes
frères, à regarder de près la couronne que Dieu
voulut mettre de si bonne heure au front de notre
saint ami ; ce fut bien dès le commencement, et ce
fut jusqu'au bout la couronne d'épines ! Je comprends maintenant pourquoi Dieu voulut qu'il reçût
à Rome l'onction sacerdotale, à Rome la consécration épiscopale, à Rome enfin l'ordre et le signal de
couronner, par un suprême sacrifice, tous les sacrifices de vingt ans d'apostolat. Rome, avec Pie IX
qui l'appelait son cher fils, n'est-ce pas le Calvaire
devenu visible à tous les regards du monde ? C'est

bien là que devait commencer et finir la série de ses immolations volontaires.

Quand nous le vîmes arriver au tombeau des Apôtres vers la fin de 1845, avait-il déjà consommé, accomplissait-il alors un premier sacrifice? A coup sûr, les hommes qui ne voient des choses de la vie que le côté terrestre durent en juger ainsi, quand ils le virent, à vingt-cinq ans, après avoir parcouru avec éclat la voie entière des études qui préparent et ouvrent les carrières brillantes, tourner tout-à-coup le dos aux perspectives purement humaines, revêtir une humble soutane, et solliciter l'honneur d'étudier à fond Jésus-Christ dans les saintes austé-rités du travail et de l'obéissance, pour enseigner un jour aux autres à le connaître et à l'aimer. Cependant le glaive du sacrifice n'avait point encore, à vrai dire, touché son âme, ou tout au moins il n'avait, en l'effleurant, produit qu'une de ces bles-sures qui exaltent dans les grands cœurs la joie de se donner. Son visage radieux, le sourire viril et virginal de son regard, l'épanouissement de son beau front, disaient assez qu'un sentiment dominait en lui tous les autres, le bonheur de se voir admis parmi les soldats de Jésus-Christ et de la vérité. Et ce bonheur était sans nuage. Ni les épreuves du climat, ni les inévitables rigueurs d'une vie où tout l'homme doit être transformé, ni les fatigues d'un enseignement qui a gardé toute l'ampleur et par conséquent toutes les exigences antiques, rien n'altérait l'expansive gaieté de son caractère ; sa joie intime rayonnait au dehors, et notre joie à nous était doublée au contact de la sienne. Un soldat ou un missionnaire ne pouvait manquer de dire en le voyant : Cet homme-là aura tous les courages.

Quatre ans devaient se passer dans cette préparation de l'intelligence et de la volonté à toutes les responsabilités du sacerdoce. Quatre ans sur les bancs du Collége Romain ; quatre ans aux pieds des chaires où la sainte et savante Compagnie de Jésus donne sans s'épuiser jamais de dignes successeurs à Suarez ; quatre ans de studieuse intimité avec les futurs Apôtres du monde entier, Germaniques, Anglais, Irlandais, Ecossais, jeunes clercs de toutes les vieilles Églises et de l'Église naissante et si divinement féconde de l'Amérique ; certes, il y avait là de quoi dilater un noble cœur, chaque jour plus épris de l'impérissable royauté de l'Eglise. Il devenait l'élève des Perrone, des Patrizzi, des Mazio, des Ballerini, d'un autre homme dont le nom ne signifiait alors que le génie théologique ! Il voyait à ses côtés des jeunes gens qui devaient bientôt, sous la pourpre ou sur les plus hauts sommets de la science ecclésiastique, combattre aux premiers rangs les grands combats, Monaco, Ledochowski, Meyer,

Schrader, Cardella, Franzelin ; dans la vie de chaque jour, au milieu des épanchements fraternels d'une commensalité cléricale, il formait ces liens d'une amitié plus forte que la mort qui l'unissaient pour la vie et au-delà à des hommes tels que Mérode, Woelmont, Bastide, Marsigli, Necker, Catani, Riu, Castracane, L'Isle-Adam. Ah ! mes frères, vous ne sauriez comprendre et sentir au même degré que moi combien il y avait là, suivant les apparences, peu de place pour le sacrifice.

Mais Grégoire XVI mourut. Au grand pontife qui avait, suivant son expression, *parlé en Pape* à l'Empereur de Russie et l'avait vu trembler à ses pieds, succédait l'homme incomparable qui donnera évidemment son nom au dix-neuvième siècle, à ce siècle des plus grandes douleurs, et bientôt, s'il plaît à Dieu, des plus grands triomphes de l'Église. Pendant plusieurs mois, qui pourrait l'avoir oublié ? le pontificat naissant de Pie IX fut accueilli dans le monde entier, mais spécialement à Rome, par des élans d'enthousiasme et d'amour qui ne semblaient annoncer que des joies à l'Église. Et pourtant, dès les premiers jours de 1847, on put voir que le tendre attachement du vrai peuple romain pour son doux et paternel monarque était perfidement exploité par la Révolution. Parmi les fleurs qui pleuvaient sans relâche autour du Pape, on croyait discerner déjà je ne sais quelle senteur empoisonnée. La foule qui se formait presque tous les soirs au coucher du soleil sous le balcon du Quirinal pour demander à grands cris la bénédiction du Saint-Père, n'était plus une foule homogène ; on y voyait apparaître çà et là de sinistres visages. Les chants eux-mêmes, ces chants que l'on ne saurait, je crois, rencontrer nulle part ailleurs, entonnés par six mille voix le long du Corso, revêtaient progressivement un lugubre caractère ; on avait commencé par l'Hosanna, on allait finir par la Marseillaise. Pie IX aussi entendait déjà sonner pour lui l'heure des sacrifices ; je me souviens que nous trouvions alors sur ce beau visage, que d'immenses douleurs saintement supportées ont rendu maintenant si constamment radieux de force et d'espérance, un reflet mystérieux de la tristesse de Jésus-Christ pleurant sur Jérusalem.

On sait, et j'aime à m'en souvenir pour l'honneur du peuple que Dieu a chargé de garder le gardien de ma foi, ce qu'il fallut de temps pour faire entrer sérieusement la révolution et l'apostasie dans la Ville éternelle. Elles y entrèrent pourtant, mais après que la tempête anarchique de 1848 eut renversé ou ébranlé tous les trônes de l'Europe, après qu'il fut devenu possible aux ennemis de l'Église de s'imaginer qu'il n'y avait plus au monde une seule puissance chrétienne. La maison du Vicaire de Jésus-Christ fut

ensanglantée ; Pie IX fut contraint de fuir ; le drapeau rouge flotta sur le château Saint-Ange ; Mazzini
devint le maître là où il est écrit que le Christ est
vainqueur, que le Christ est roi, que le Christ a
l'empire.

Grâce à Dieu, la France en devenant république
n'avait pas cessé, elle, d'être chrétienne. La grande
âme du pays, maîtresse alors de ses actes solennels
et de ses destinées, inspira à l'assemblée de ses représentants une de ces mâles résolutions que Dieu
bénit, plus encore que les hommes de cœur et les
hommes de foi. L'expédition de Rome fut décrétée ;
la France mit une fois de plus son invincible épée
au service de l'Église, parce que l'Église est sa mère.

C'est dans ces jours où la France sauvait son honneur et l'avenir de sa foi en prenant, à la face du
monde, l'engagement de défendre Pie IX et la Papauté, que notre jeune lévite reçut à Saint-Jean-
de-Latran l'onction sacerdotale. Il allait bientôt,
non pas apprendre, mais enseigner aux autres à quoi
cette haute noblesse oblige. A peine avait-il offert un
petit nombre de fois le sacrifice du Corps et du Sang
de Jésus-Christ, le sacrifice qui est tout le secret de
l'apostolat et du martyre, que Dieu, qui le savait mûr
pour les plus grandes choses de la vie, lui offrit une
de ces occasions de s'immoler pour le salut des âmes,
que d'autres vont chercher aux extrémités de l'univers,

L'armée française avait été trompée sur le véritable état des forces dont la Révolution disposait à l'intérieur de Rome. La population, dominée par la terreur du poignard qui frappait dans l'ombre plus encore qu'il ne menaçait, n'était point venue aux portes acclamer sa délivrance. Quelques milliers de sectaires, forts de l'intrépidité sauvage de la haine, disciplinés à la façon des brigands, grossis par un certain nombre de jeunes gens que l'on arrachait aux universités pour les jeter, la bayonnette dans les reins, sur le champ de bataille, commençaient ce jour-là cette guerre absolument diabolique, que vingt ans d'universelle indignation n'ont point encore arrêtée. A coup sûr, deux brigades françaises auraient largement suffi à balayer cette écume ; mais jeter nos soldats dans Rome pour y remporter une victoire de barricades, c'était sacrifier les trésors religieux et artistiques de la Catholicité, c'était rendre au Vicaire de Jésus-Christ un trône baigné de sang et entouré de ruines ; le tombeau de Saint Pierre voulait être reconquis avec respect. Une bataille allait donc être livrée sous les murs.

Pendant que l'on délibérait au camp des fidèles défenseurs de l'Église, et dans celui de ses ennemis jurés, une autre délibération avait lieu dans une modeste chambre de la rue *Piè di Marmo*. La pensée d'intervenir dans la lutte sanglante surgissait simultanément au cœur de quatre ou cinq jeunes hommes qui ne devaient y apporter que les armes du prêtre, le droit divin d'ouvrir le ciel au repentir. On m'a dit, et je le crois sans peine parce que je connais à fond chacune de ces âmes, que l'initiative de cet héroïque dessein, renouvelé des plus beaux jours de l'histoire chrétienne, appartint à un autre breton. Toujours est-il que le dangereux honneur de l'exécuter fut réclamé par notre Martial, et confié d'une seule voix à sa courageuse intelligence. Il court au Quirinal, devenu le palais de Mazzini. Introduit en présence du dictateur, il demande un sauf-conduit pour ses compagnons et pour lui-même ; Français, il a le droit de sortir de la ville assiégée ; prêtre, il veut offrir les secours de son ministère à ses concitoyens. On lui répond que la prudence ne permet pas d'envoyer à l'ennemi des hommes qui peuvent le renseigner sur l'état de la place. « Eh ! bien, » s'écrie-t-il en parlant à son interlocuteur son propre langage, « l'amour de « l'humanité ne connait pas de drapeau ; vous aurez « des morts et des blessés ; laissez-nous aller les se- « courir ; nous serons vos infirmiers et votre ambu- « lance. » Sa parole, son regard aussi ferme que sa parole, ce regard dont vous avez tous connu, mes frères, l'irrésistible puissance, avaient ébloui et comme fasciné le despote de la révolution ; il écrivit quelques lignes ; il signa : nous avons vu ces lignes et cette signature.

Quelques heures après, on voyait quatre jeunes hommes en soutane, portant deux civières sur leurs épaules, s'acheminer vers l'une des portes de Rome, et bientôt atteindre le champ de bataille, où sifflaient déjà les balles des rebelles et celles des défenseurs de la Papauté. Avec le futur archevêque de Port-au-Prince, il y avait un autre français, évêque et missionnaire(1); les deux autres étaient belges, aujourd'hui l'amour et l'honneur de l'Église plus encore que de leur pays (2). L'un recevait, il y a dix jours, le dernier soupir de son frère d'armes, et célébrait à Rome ses premières funérailles ; l'autre traversait hier la Belgique et la France, pour venir au milieu de vous, mes chers frères, réclamer la place qui lui appartient auprès de ce cercueil.

Garibaldi vit apparaître au milieu de la mêlée cet étrange cortége. Stupéfait, il arrête son cheval. Martial, le front haut, s'avance et lui présente l'ordre de celui dont il est le bras armé. Il lit; il se tait; puis il se découvre, et fixant sur ces véritables prêtres un regard plus rempli d'admiration que de sympathie, il étend le bras: « Allez, messieurs, » leur dit-il, « tout le monde ici vous doit le respect. »

Mes frères, vous allez voir cette vie se développer, suivre son cours et atteindre son terme.

(1) Mgr Luquet, évêque d'Hésébon.
(2) Mgr de Mérode et Mgr de Woelmont.

Mais dès ce premier pas ne reconnaissez-vous pas que la ligne est tracée, et que nous sommes en plein dans la voie royale du sacrifice? Quand l'Eglise célèbre à genoux les gloires de ses apôtres et de ses martyrs, elle se plaît à redire sur leur tombeau les paroles dont leur Maître se servait pour annoncer les miracles de son amour et les miracles du leur : *Majorem hac dilectionem nemo habet, ut animam suam ponat quis pro amicis suis;* « Personne ne peut « avoir un plus grand amour que de donner sa vie « pour ses amis. » Eh ! bien, n'atteignait-il pas du premier coup l'héroïsme de l'amour élevé à sa plus divine hauteur, ce prêtre de la veille qui, sans porter encore aucune des chaînes bénies par lesquelles le pasteur est lié à son troupeau et tenu de compter la mort pour un devoir, s'en va joyeusement, volontaire du ministère sacerdotal et de l'immolation spontanée, imposer à force de tendresse ses premières absolutions aux rénégats qui tombent sur le champ de bataille, au risque de tomber lui-même sous une balle française ? Il poursuivit au milieu du sang sa glorieuse tâche jusqu'à la fin de ce combat qui n'acheva rien. Quelques mois après, il me racontait qu'en parcourant les lignes confuses des blessés et des morts, il reconnut parmi ces derniers un jeune homme, presque un enfant, qui avait vécu sous le même toit que nous, une des victimes dont je vous parlais tout à l'heure, traînées là par la violence bien plus que par la séduction. Agenouillé près de lui, et cherchant, me disait-il, un souvenir qu'il pût rapporter à sa pauvre mère, il trouva une page de vers écrits au crayon, inachevés : c'était un hymne à la Sainte Vierge !

Un grand nombre de blessés avaient été transportés dans la ville ; on les coucha sur la paille dans l'église de Saint-Pierre *in Montorio*, la plus voisine des murailles. Le Prince des Apôtres donnait l'hospitalité aux ennemis de son successeur, dans le lieu même où, dix-huit siècles auparavant, la croix que lui élevait Néron avait été plantée. Ce fut là que nos admirables, nos heureux frères passèrent la nuit suivante, achevant l'œuvre de ce jour-là. Avec des joies apostoliques que l'on devine, Dieu y préparait à Martial une rencontre à laquelle un saisissant contraste ne fournit pas, je crois, sa plus sublime beauté. Il venait de se prosterner près d'un malheureux qui était entré déjà dans une effrayante agonie. Tout-à-coup, il est rudement interpellé par une voix inconnue; il se relève. «Qui êtes vous ?» lui dit-on. — « Un prêtre. » — « De quel droit êtes-vous ici ? » — « Du droit qui appartient à tout prêtre de Jésus- « Christ de rendre la paix à ceux qui se repentent. » Gavazzi, car c'était Gavazzi, le prêtre apostat, la honte de sa robe, le Judas de ce nouveau Jardin des Oliviers, Gavazzi s'adresse alors au mourant : —

« N'est-ce pas, lui dit-il, que c'est moi qui suis ton « prêtre ? N'est-ce pas que tu n'as que faire de ces « prêtres de France ? » Le rebelle expirant s'était relevé sur sa paille : — « Gavazzi, » s'écrie-t-il, » « on ne se moque plus ici ; c'est l'heure de mourir, « va-t-en ! » La nuit fut remplie par vingt actes semblables. Notre jeune apôtre pleurait de reconnaissance et bénissait Dieu ; il recueillait le fruit de son premier sacrifice.

Le siège de Rome commença. Durant quinze jours, captif de la situation, il eut à renouveler chaque matin l'acte de résignation qui lui était, je crois, le plus difficile de tous, en acceptant ce qu'il appelait son inutilité. Cependant il passait les journées dans les hôpitaux, visitant, confessant, consolant les blessés des deux armées ; le soir venu, il conduisait dans sa chambre quelque religieux proscrit qu'il savait être dévoué au poignard ; la Famille Dominicaine n'a point oublié, après vingt ans, que ce fut lui qui offrit un asile et son propre lit au successeur de saint Dominique. Mais c'était là du repos, et pardessus tout il lui répugnait d'accepter le repos imposé de main d'homme. Il se disait : Il y a là une armée de chrétiens qui accomplissent la plus grande œuvre de ce temps-ci ; tous vont se souvenir de leur baptême ; beaucoup tomberont sur cette terre d'où leur est venue la foi de Clovis ; ce sont les continuateurs des

croisés, et ils n'ont pas de prêtre. Allons, je serai
leur saint Bernard et leur Pierre L'Hermite. Il voulait trop bien pour ne pas trouver bientôt le moyen
d'agir.

La nécessité de se procurer des vivres forçait les
assiégés d'ouvrir chaque matin les portes à des
vignerons de la campagne romaine. Pressé par notre
ami dont l'œil pénétrant savait discerner partout les
cœurs honnêtes, un de ces hommes consent à lui
vendre son cheval, sa charrette et tout son costume.
Une heure après, enveloppant sa soutane, son bré-
viaire, son crucifix, dans la botte de foin invariable-
ment fixée au brancard, l'intrépide missionnaire,
debout sur le devant de son véhicule, suivait au
galop de son cheval la plus fréquentée des rues de
Rome, et franchissait, protégé par sa fière attitude
et par son ange gardien, la porte du Peuple. C'était
tourner le dos au camp des Français établi à une
certaine distance de la muraille opposée. Arrivé au
bord du Tibre, il tourne brusquement à droite; commence à décrire par les chemins les plus écartés un
grand cercle autour de la ville; jette en un lieu cou-
vert sa petite voiture dans un fossé; traverse à cheval
les vignes, les immenses pâturages, le fleuve enfin
aux environs de Saint-Paul; et s'arrête ou plutôt se
fait arrêter aux avant-postes de notre armée. On le
conduit, sur sa demande, au quartier général; il se

nomme, il se réclame d'un de ses parents, officier supérieur du génie, qui le présente au général en chef. On accueillit avec une joie toute française et toute chrétienne l'aumônier volontaire et improvisé. Et pourtant, ces nobles cœurs ne pouvaient que pressentir ce qu'ils allaient trouver en lui de richesses ; ils ne savaient pas encore quelle fraternité de courage et d'abnégation ils constateraient bientôt entre leurs âmes de soldats et son âme de prêtre.

Ce qu'il fut là, demandez-le au maréchal Vaillant, au maréchal Niel (1) qui, j'en suis sûr, le pleurent aujourd'hui comme on pleure un fils et un frère. Pendant six semaines, sous les ardeurs d'un soleil d'Afrique, manquant de tout, se reposant, quand il consentait à se reposer, dans une masure que j'ai vue, sur un peu de paille dont il usait alternativement avec une de nos illustrations militaires, il atteignit par l'activité de son dévouement les dernières limites humaines du possible. Les autres avaient leur tour de tranchée ; son tour à lui c'était toujours, car il eût voulu que pas un de ses chers soldats ne tombât sans voir aussitôt la main du prêtre s'élever sur sa tête, les bras du prêtre s'ouvrir pour l'embrasser. Dieu seul sait combien de fois

(1) Pendant qu'on imprimait ces lignes, le maréchal Niel, deux fois le défenseur de Rome, rendait chrétiennement à Dieu son âme chrétienne.

le sang de ceux qu'un boulet venait frapper jaillit sur sa poitrine. Ce que je sais, moi, c'est qu'après la campagne, il nous disait, en bénissant Dieu, les noms de ceux qu'il avait absous, consolés, assistés à leur dernière heure, et finissait par ces mots : et tant d'autres que je ne connaîtrai qu'au Ciel ! Ce que je sais, c'est que l'un de ces hommes, qui sont bien, quoiqu'on dise, de la même race que Bayard, frappé dans la tranchée, le priait d'ouvrir son habit et d'en retirer une grande croix de fer qui ne le quittait jamais. « Elle était là pour me servir une « dernière fois aujourd'hui, lui dit-il ; quand je serai « mort, mon cher abbé, portez-la vous-même à ma « mère. » Ce que je sais, c'est qu'après les premiers jours de dangers et de fatigues partagés, les officiers, les sous-officiers, les soldats s'étaient épris d'une affection passionnée pour le prêtre, et sollicitaient comme une faveur qu'il vînt partager leur repas et s'asseoir quelques instants sous leur tente. Ce que je sais enfin, c'est que cette croix de la Légion-d'Honneur fut réclamée par les témoins de sa conduite comme un acte de justice, comme une dette du corps expéditionnaire ; jamais, lui écrivit-on de toutes parts quand il la reçut, elle ne fut mieux gagnée par aucun soldat. Mes frères, est-il étonnant que le soldat soit un bon juge de l'abnégation, du dévouement, de la charité élevée jusqu'au sacrifice ?

Pie IX aussi était un bon juge de ces grandes

vertus essentiellement sacerdotales. Rétabli sur le trône de Saint Pierre par la Fille aînée de l'Église, on lui présenta le jeune chapelain comme une des gloires de notre armée ; le grand Pontife l'accueillit comme une gloire du sacerdoce de Jésus-Christ. Il le serra sur sa poitrine, il baigna son front et ses épaules de larmes paternelles. « Restez, » lui dit-« il, « restez avec nous, mon fils ; les prêtres comme « vous appartiennent de droit au Saint-Siége ; ne « craignez pas les honneurs, car Dieu vous a fait « capable de porter les fardeaux. » Martial effrayé, retomba aux pieds du Pape ; il pleurait aussi ; il pria, il supplia, il demanda grâce ; c'était dans son pays, c'était dans l'obscurité qu'il voulait exercer son ministère de prêtre. Le Pape se laissa fléchir ; peut-être d'ailleurs pensa-t-il, à la vue de ce visage amaigri, que l'air natal et un long repos étaient nécessaires pour réparer des forces que quarante-sept jours de fatigues apostoliques et d'insomnie avaient absolument épuisées. Martial fut donc rendu à la Bretagne ; il lui fut rendu sans aucun titre honorifique, parce qu'il avait obtenu, à force d'ins-tances, qu'il ne lui en fût point donné ; il vint (c'était son ambition comme celle de son compa-triote La Tour d'Auvergne) prendre rang comme simple soldat dans cette sainte armée, où nous estimons que tout l'honneur est de bien faire.

Notre Évêque, Monseigneur Graveran, cette

grande âme, comprit sur l'heure que la Providence le remettait en possession d'un trésor. Un prêtre dont l'esprit merveilleusement doué avait été nourri, fortifié, élargi par huit ou neuf ans de viriles études aux premières écoles du monde ; dont le cœur et le caractère venaient, par un spécial bienfait de Dieu, de subir une si glorieuse épreuve et d'être si bien marqués de l'empreinte apostolique, avait sa place naturelle au milieu de ceux qui sont appelés à l'honneur de former des prêtres. J'ai le droit de dire qu'aucun séminaire de France, et peut-être du monde, ne contient un plus riche assemblage de germes généreux que le Séminaire de Quimper. Il est, du reste, conforme à la nature des choses que la terre la plus chrétienne soit, pour ainsi dire, la plus sacerdotale. Le disciple de Rome reconnut bientôt qu'il y avait là un aliment complet pour toutes ses aptitudes, une entière satisfaction pour tous les besoins de son esprit et de son cœur. Si l'exercice fructueux de son ministère lui avait été rendu facile au milieu de nos soldats au cœur droit et naturellement honnête, par cela seul qu'il avait au plus haut degré la faculté d'aimer généreusement et le don de se faire aimer, on comprend qu'il dut acquérir bientôt un prestige plus efficace encore, au milieu de cette milice, ardente, jeune, naïvement communicative au même degré que l'autre, mais élevée par une longue culture, par la foi saintément développée surtout, à une tout autre grandeur.

Ici je devrais, je pourrais sans effort vous dire de quelle façon il accomplit pendant huit ans environ cette tâche. Mais tout ce que je viens de rappeler des premiers jours, si admirablement remplis, de son sacerdoce, ne suffit-il pas surabondamment à faire comprendre qu'il était de tout point l'homme de cette situation nouvelle ? Qui mieux que lui avait acquis le droit d'enseigner que l'immolation de soi, l'amour de Jésus-Christ, l'amour des âmes jusqu'à l'effusion du sang, doivent être comme les traits distinctifs de la physionomie sacerdotale ? Il semblait que la connaissance de son passé, si récent et si splendide, fît lire sur son front, le plus chaste, le plus ouvert, le plus illuminé d'intelligence et de vie, ce que Saint Paul tout seul a pu oser dire, sans trembler, de lui-même : *Imitatores mei estote, sicut et ego Christi* ; «Soyez mes imitateurs, comme je le « suis du Christ.» Aussi les jeunes visiteurs accouraient-ils en foule à sa chambre. Soit que le cœur un moment attristé eût besoin d'une parole qui relève et rassérène; ou bien que la volonté, encore peu sûre d'elle-même, se trouvât aux prises avec une de ces obscurités douloureuses qu'il faut traverser plus d'une fois avant de marcher joyeusement en pleine lumière; on venait à lui comme à l'ami sûr, comme au guide attentif et circonspect ; on savait avant d'entrer que rien ne manquerait à la hauteur de ses vues, à la netteté de sa parole, à la tendresse de sa bienveillance.

Je sens, mes frères, que j'insisterais inutilement sur ce point : il vous est évident que le professeur fut dans sa chaire, que le directeur fut dans des relations plus intimes et plus sacrées, ce que l'homme, l'homme de Dieu, le digne prêtre fut partout, un esprit éminent et un grand cœur. D'ailleurs, son œuvre du Séminaire n'est pas, grâce à Dieu, de celles dont le profit tout entier le suive dans l'autre vie. Une part, une large part nous en est restée ; ce qu'il semait alors est aujourd'hui la moisson bénie que recueille notre Eglise. La science ecclésiastique plus universellement cultivée ; le nombre croissant des vocations héroïques qui, depuis vingt ans, entraînent à toutes les extrémités du monde, et sous toutes les livrées religieuses, tant de prêtres bretons saintement épris du sacrifice ; pardessus tout, l'ardent amour de Rome et du Pape qui, en même temps qu'il affermit encore et rajeunit la foi si ferme de nos pères, produit les merveilles de générosité que le monde salue ; l'hommage du sang offert à la sainte Eglise par les Machabées de la Bretagne depuis Castelfidardo jusqu'à Mentana ; voilà, mes frères, l'éternel honneur du clergé de ce pays, et, par conséquent, l'éternel honneur de celui qui fut un de ses maîtres. Les cent-vingt prêtres qui m'entendent, ses meilleurs amis ou ses plus fidèles élèves, diraient peut-être plus hardiment que moi quelle large part lui doit être personnellement attribuée.

Ah ! combien il aimait cette vie du séminaire, cette vie où, sans bruit et sans luttes visibles, un prêtre passionné pour les intérêts de Dieu est absolument sûr de servir la Sainte Eglise et les âmes, et de travailler pour l'éternité ! Une première fois il en avait été arraché en 1850 ; mais Dieu ne voulut pas alors que son sacrifice fût définitif. Un siége épiscopal venait d'être érigé à la Guadeloupe. Mgr Lacarrière, élu pour l'occuper, pressa vivement notre ami, qu'il avait connu à Rome, de venir l'assister dans son œuvre de fondation en qualité de vicaire général. Je crois fermement qu'il se fût obstiné à garder sa cellule de professeur, si aux instances les plus pressantes du prélat qui désirait ardemment d'être son évêque, ne s'étaient jointes celles d'un homme qu'il écoutait comme on écoute les saints ; c'était le Père Libermann, le vénérable fondateur de la Congrégation du S. Cœur de Marie. Le séjour de huit ou dix mois qu'il fit aux Antilles françaises, fut dans le plan de sa vie si providentiellement gouvernée, comme un noviciat anticipé de la vie épiscopale. Des circonstances, imprévues pour tout le monde, excepté pour lui-même, le ramenèrent à Quimper au milieu de ses chers élèves.

Il y avait six ans qu'après avoir d'abord enseigné l'histoire ecclésiastique, il occupait la chaire d'Ecriture Sainte. Ses premières études, son travail persévérant et facile, la largeur de son intelligence, un admirable talent de parole qui se développait et grandissait tous les jours, le rendaient merveilleusement propre à cet enseignement, base tout ensemble et couronnement de la science ecclésiastique. C'était à exploiter cette inépuisable mine des vraies richesses qu'il espérait consacrer, comme son illustre maître le P. Xavier Patrizzi, toutes les années de vie qu'il plairait à Dieu de lui donner. Mais Dieu lui réservait une voie qu'il n'avait point choisie.

Il y avait bien eu, vers ce temps-là, certaines lettres qui parurent annoncer sa prochaine promotion à un siége épiscopal en France ; mais il était difficile que les éclatants services, si justement appréciés par les hommes d'État et par les hommes d'épée, fussent dans toutes les régions officielles une recommandation pure et simple ; Dieu réservait au Pape seul l'honneur de ce choix et de cette investiture. Il était bon, d'ailleurs, qu'il laissât partout des souvenirs et des exemples.

La ville de Brest, si agrandie depuis l'époque où

Colbert l'avait faite déjà si majestueuse en la faisant presque naître, n'avait encore qu'une seule paroisse, paroisse aussi populeuse que beaucoup d'évêchés d'Italie. Mgr l'Évêque de Quimper, déjà résolu de longue date à donner satisfaction au besoin le plus vivement senti, hâta le dénoûment quand il se vit en possession d'un ouvrier digne et capable de l'œuvre; l'Abbé Testard du Cosquer fut nommé curé de la nouvelle paroisse de Notre-Dame-du-Carmel.

Il fallut presque fermer ses livres, renoncer aux vastes horizons de la spéculation et des principes, pour se livrer tout entier et sans relâche au rude et souvent ingrat labeur de la création la plus complexe. Eh! bien, aucune qualité, aucune aptitude, pas même de celles que l'on appelle les plus pratiques et les plus positives, ne manqua à l'intrépide pionnier de l'Église. A Quimper, on n'avait jamais songé que l'homme de retraite et d'étude, que le savant professeur pût devenir le modèle des curés; à Brest, les nouveaux paroissiens de l'église des Carmes, éblouis de son activité, de la sûreté hardie de son coup-d'œil et de sa marche, ne soupçonnaient le professeur qu'en recueillant, chaque Dimanche, les trésors de son savoir et de son éloquente parole. Un phare de plus se dressait étincelant de lumière chrétienne, au milieu de ce peuple où la part des ténèbres était forcément restée immense. Au-dedans et au-dehors, toutes les difficultés s'aplanissaient sous son habile main. Maintenir l'unité de vues et d'action dans un clergé nombreux ; éviter les froissements dans les rapports avec l'administration civile, partout et toujours délicats, mais rendus chez nous plus difficiles par une législation basée sur des erreurs innocentes ou volontaires ; improviser une maison presbytérale ; restaurer une église délabrée ; choisir, organiser, discipliner un nombreux personnel d'ordre inférieur ; cette tâche, presqu'infinie dans ses détails, s'accomplissait sans bruit et comme par enchantement sous la direction ferme et sereine du nouveau curé. Et pourtant, nous ne lui avons jamais connu qu'une seule diplomatie, celle de la ligne droite à ciel ouvert.

Ai-je besoin de dire que le soin des âmes restait pourtant sa grande affaire ? Il avait trop l'esprit de l'Église pour qu'il en fût autrement. L'enseignement du catéchisme, la visite des malades et des mourants, des prédications assidues, soigneusement préparées, appropriées à tous les besoins de son auditoire, tout cela s'était si promptement et si régulièrement établi, qu'au bout d'un an la paroisse des Carmes rivalisait de tous points avec la paroisse mère, et pouvait, elle aussi, être présentée comme un modèle. Il avait communiqué son infatigable et joyeuse ardeur à ses jeunes vicaires ; il y avait là comme un magnifique

et touchant reflet de la vie que les premiers disciples
de Jésus-Christ menaient avec leur maître aux premiers jours de l'Évangile. Aussi, l'administration des
sacrements faisait renaître la vie chrétienne dans un
quartier de la ville qui l'avait presque entièrement
oubliée ; la présence de Jésus-Christ resplendissait
une fois de plus dans les ténèbres qu'elle assainissait
et dissipait de jour en jour ; *lux in tenebris lucet.*
A la voix du Curé, rendue plus éloquente et plus per-
suasive par l'angélique splendeur de ses exemples,
les âmes fidèles devenaient ferventes, la ferveur at-
teignait les fécondes hauteurs du zèle. La société de
Saint Vincent de Paul attirait en plus grand nombre
dans son sein les hommes restés fermes dans leur foi,
ou ramenés par lui aux saintes ambitions de leur
baptême ; officiers, magistrats, représentants de
toutes les sciences marchaient avec lui, le front haut,
en tête du mouvement de renaissance catholique.
L'association des Mères chrétiennes, l'OEuvre Apostolique pour le secours des missions, réunissaient
autour de son autel et au pied de sa chaire toutes les
âmes généreuses qu'il savait rendre avides de faire
du bien ; toute l'aristocratie de la richesse, de l'intelligence et de la foi venait apprendre de lui à pra-
tiquer la maxime de notre sainte Duchesse, la bien-
heureuse Françoise d'Amboise : Faites, sur toutes
choses, que Dieu soit le mieux aimé !

Cette fondation était achevée. L'homme que Dieu

destinait à ouvrir, partout où il le mettait au travail, le premier et le plus rude sillon, allait être appelé à en tracer un autre. Pour celui-là, ses sueurs ne devaient plus suffire ; il y fallait toutes ses larmes et tout son sang.

Haïti (nos ancêtres l'avaient plus chrétiennement nommée Saint-Domingue), était depuis soixante ans un douloureux problème dans le Monde et dans l'Église. Le Monde, à vrai dire, le Monde purement humain de la politique et de la diplomatie, l'avait presque entièrement abandonnée. Tour à tour objet de convoitise, de terreur, de découragement, et quelquefois de risée, ce malheureux peuple était laissé à ses guerres sanglantes ou ridicules ; l'Europe, et peut-être la jeune Amérique, semblait attendre que ces aveugles enfants de deux races eussent achevé de se dévorer entr'eux, pour venir occuper sans inutiles combats une terre qui, par la main de Dieu, était la plus belle, et, par la main de la France, la plus riche de l'Atlantique.

L'Église ne traite pas ainsi ceux qu'elle a une fois baptisés et adoptés pour ses fils. Partout où la foi en Jésus-Christ a poussé des racines, elle sait et elle professe qu'elle est débitrice de la culture comme elle l'était de la semence. Ni les ravages du temps et de la négligence coupable, ni les ravages de l'hérésie et de la persécution, ni aucun ravage enfin accompli de main d'homme, ne font qu'elle se tienne pour déchargée d'une partie de sa tâche. Comme Saint Paul, elle a la même tendresse pour ceux qui s'appellent fièrement les grands peuples, et pour ceux que leurs aînés dédaignent et appellent les petits ; Grecs et Barbares lui sont égaux, suivant la mesure divine ; *Græcis et Barbaris debitor sum* (S. PAUL). De part et d'autre elle ne voit que des âmes, toutes de même valeur, parce que toutes sont rachetées par le Précieux Sang de Jésus-Christ. L'Église connaissait donc bien toutes les misères Haïtiennes, mais ses yeux n'en restaient pas moins maternellement fixés sur la malheureuse île, et ce regard tendrement obstiné de la mère était le regard de Pie IX.

Geffrard, le troisième ou quatrième chef de cet État si jeune à tant d'égards, successivement paré des noms d'Empire et de République, avait osé demander un concordat au St-Siége. S'il n'avait parlé qu'à la sagesse humaine des diplomates, aurait-il eu la moindre chance d'être écouté ? Mais il parlait à la sagesse divine, dans la personne du Vicaire de Jésus-Christ, et cette sagesse-là est tout un avec la miséricorde, la condescendance et l'amour. Le grand Pontife ne voulut voir dans la démarche du Président qu'un filial hommage rendu à la maternité, à la divinité de l'Église, un appel fait à Celle dont la mission est de donner la paix sur la terre aux hommes de bonne volonté, et de sauver, de conduire au Ciel toutes les âmes. Un premier délégat fut envoyé ; au bout de quelques mois, le texte du concordat Haïtien fut rapporté à Rome, et le Pape songea sur l'heure à l'exécuter.

Ce fut alors que le curé des Carmes, tout entier à une charge qui lui devenait douce et facile, fut averti qu'il fallait la déposer, pour en assumer une autre bien autrement lourde et redoutable. Pie IX, qui n'oublie aucun nom, aucun acte, aucun visage, n'eut besoin d'être renseigné par personne ; il connaissait à fond, et par ses œuvres d'apôtre et de martyr offert, le vicaire-général de la Basse-Terre, l'héroïque chapelain du siége de Rome. Il lui fallait un prêtre d'une lumineuse intégrité de vie, capable de résoudre toutes les difficultés, coutumier d'accomplir d'un cœur joyeux et fier tous les sacrifices ; l'Abbé TESTARD DU COSQUER reçut ordre de se rendre à Rome. Ah ! Saint-Père, vous ne vous étiez pas trompé ; votre fils et notre frère était bien, de tous ceux que nous avons connus, le plus digne de la Sainte Église et de Vous.

Cependant, les clauses du concordat Haïtien paraissaient présenter certaines obscurités ou certaines lacunes, à travers lesquelles une habileté insidieuse pouvait introduire des entraves à la sainte et indispensable liberté de l'Église. Il fut décidé, avant de procéder à l'exécution par la nomination d'un archevêque et de plusieurs évêques, que Mgr TESTARD DU COSQUER, élevé à la double dignité de Prélat Domestique de Sa Sainteté et de Protonotaire Apostolique, serait envoyé à Port-au-Prince, en qualité de délégat du Saint-Siége. Cette première mission fut d'un bout à l'autre comme le Dimanche des Rameaux de la Grande Semaine de sa vie.

Son séjour fut une série non interrompue d'ovations et de victoires. Toutes les difficultés s'aplanissaient ; les promesses et les protestations s'entassaient avec les plus consolantes apparences. Il put apercevoir, il aperçut son Golgotha ; mais le signal d'y monter ne se voyait pas encore. Cependant, il savait bien à son retour qu'il avait porté, comme Isaac, le bois du sacrifice. Il avait vu de ses yeux tout ce que nos missionnaires et nos marins lui avaient raconté de cette population étrange. Si, en traversant à cheval les mornes gigantesques et les vallées profondes comme des abîmes, il avait plus d'une fois pleuré d'attendrissement à la vue de la foi naïve et miraculeusement conservée des noirs qui lui improvisaient à chaque pas des triomphes, il avait aussi touché du doigt, dans une autre classe, la corruption de l'esprit bien autrement effrayante que la corruption des mœurs. Il avait vu tous les vices, tous les mensonges, tous les préjugés de l'ignorance

et de la haine que la fausse civilisation dépose ,
comme je ne sais quelle lave volcanique, partout où
la Révolution a imposé son règne à la place du règne
de Jésus-Christ. A Port-au-Prince, et dans toutes les
grandes villes, les plus mauvais journaux de France,
les livres impies que, parmi nous, les hommes intel-
ligents ont depuis longtemps jetés au rebut, avaient
plus de lecteurs et de disciples que le Catéchisme et
l'Évangile. Là, il était encore de bon ton de saluer
très-bas la puissance des Loges Maçonniques, et
d'ignorer absolument la sainte, la divine autorité
de l'Église.

En vérité c'était bien, selon la prudence humaine,
une œuvre impossible ; et les lettrés d'Haïti, mal
pourvus d'un maigre savoir ramassé en courant dans
les pires écoles de l'Europe, étaient moins mûrs pour
la vérité que les lettrés de la Chine. Il avait vu pire
que cela ; il avait vu la plus atroce, la plus mortelle,
si l'Église pouvait mourir, des plaies de l'Église.
Dans presque toutes les paroisses que la France chrétienne avait habitées, des loups mal déguisés tenaient
audacieusement la place des Pasteurs. Sur trente-
deux prêtres, presque tous fugitifs de leur pays et
sans pouvoirs réguliers, qu'il avait trouvés en Haïti,
il n'y en avait, nous disait-il, que deux qu'il jugeât
dignes de leur caractère et de sa confiance. Oui ,
c'était une œuvre impossible. Je ne répéterai pas,

mes frères, le proverbe usé ; mais je vous dirai bien : Nous autres prêtres, ce que le Pape veut, nous le voulons, et nous croyons le pouvoir. Et nous le pouvons en effet ; non pas nous, mais la bénédiction du Pape et la grâce de Dieu avec nous : *non ego, sed gratia Dei mecum* (S. PAUL).

Il revint à Rome. Pendant que les membres les plus éminents du Sacré Collége le félicitaient d'un succès complet et inespéré ; pendant que l'un des plus compétents dans ces matières lui disait qu'il avait enfin rendu viable le concordat du Saint-Siége avec la République Haïtienne, lui, prosterné aux pieds du Souverain Pontife, priait, suppliait au nom de ce qu'il appelait son insuffisance, qu'un plus fort que lui fût chargé d'achever ce qu'il avait commencé. Il exposa, en pleurant, la force des liens qui attachaient toute son âme à sa paroisse, à son pays, à sa famille ; il dit qu'en Bretagne les fruits de son ministère étaient assurés, qu'en Haïti où les hommes s'usent si vîte, même quand ce malheureux peuple croit les avoir choisis, son succès n'avait plus que des chances douteuses. Mais le Pape voulait. Et quand il eut entendu que le Pape voulait, quand cette voix, toujours bénie parce qu'elle est toujours la voix de Dieu, eut prononcé en l'embrassant le mot de sacrifice, le sacrifice n'eut plus aucune amertume pour son grand cœur ; il essuya ses larmes, et, reprenant le sourire de la générosité qui se dévoue, il redit la réponse du prophète dont il avait partagé les saintes terreurs : *Ecce ego, mitte me ;* « me voici, envoyez-moi. » (Isaïe).

Si le temps me le permettait, j'aimerais à vous dire, mes frères, dans quelle sorte de repos il oubliait à Rome les fatigues passées, et se préparait aux fatigues d'un avenir qui allait commencer dans quelques semaines. Avide comme il était de parler de Jésus-Christ et de lui attacher des âmes, il eut bientôt trouvé un vaste champ ouvert à son zèle, dans le pays du monde où il semble le plus difficile que le zèle d'un prêtre rencontre un vide à combler. N'y avait-il pas là la petite armée si vraiment catholique des Zouaves, dans les rangs de laquelle, comme autrefois parmi les Chevaliers de Saint Jean de Jérusalem, toutes les langues chrétiennes sont parlées ? C'était le temps de Pâques, et bientôt après le mois de Marie. L'homme apostolique, le pieux enfant de Notre-Dame du Folgoat, n'était pas homme à négliger de pareilles semaines et un tel auditoire. D'abord une retraite de préparation à la communion pascale, puis un mois entier de prédications inspirées par la Sainte-Vierge, sa mère, tel fut l'emploi des loisirs que Dieu lui faisait pour quelques semaines. Ce fut alors que sa parole si sympathique et si élevée, que l'éclat de sa belle âme surtout, lui conquit l'affection enthousiaste de cette incomparable jeunesse, qu'il devait retrouver, sinon sur ses beaux champs de bataille, au moins dans les hôpitaux où Dieu le fit apparaître contre toute attente , pour consoler les blessés et honorer les morts de Serristori et de Mentana.

Enfin , sa grande , sa suprême carrière s'ouvrit. Le 1er octobre 1863 il fut préconisé pour le siége archiépiscopal de Port-au-Prince ; le 18 du même mois, dans l'église des saints Jean et Paul sur le mont Célius, il reçut la consécration épiscopale des mains de S. E. le cardinal Patrizzi , assisté de Mgr Franchi et de Mgr Monetti. Pendant les dix jours qu'il passa en retraite pour se préparer à la dernière transformation terrestre, il put contempler du haut de la terrasse des Passionistes cette enceinte éternellement éloquente du Colysée, où les cœurs qui demandent à Dieu la joie dans le sacrifice, trouvent si bon de s'agenouiller sur les ossements pulvérisés d'un million de martyrs ; il put entendre résonner sous ses pieds les cavernes où les lions attendaient en rugissant qu'on leur livrât à broyer le froment de Jésus-Christ. Digne frère de celui qui se désignait ainsi lui-même, saint Ignace, évêque d'Antioche, il ne voulait plus que sa vie fût épargnée. Quand nous le revîmes en présence du Pontife consécrateur, il avait grandi de toute la mesure qui sépare les grands chrétiens des grands évêques ; on lisait dans son regard attendri, animé d'une joie intime, le bonheur d'avoir tout donné.

Il consacra quelques mois de l'activité d'un vrai missionnaire à recruter dans Rome d'abord, et puis dans les diocèses les plus apostoliques de la France et de la Belgique, les prêtres dignes de son œuvre et dignes de lui-même, avec lesquels il allait se mettre au travail. Son éloquence, divinement élevée à la hauteur épiscopale par l'imposition des mains, faisait tressaillir les élèves de nos séminaires ; en plus d'un endroit, ne voulant rien devoir à l'enthousiasme de la première heure, il se vit forcé d'ajourner le plus grand nombre des admissions ; en quelques autres, après un échec apparent, quelques heures de ré-flexion silencieuse avaient fait germer dans les âmes la semence qu'il avait jetée, et il se voyait assailli par des demandes pressantes et nombreuses. D'un autre côté, la main de Dieu se chargeait de déblayer le champ dont Il lui confiait la culture. La plupart des malheureux prêtres dont il redoutait la présence, s'en allaient chercher des ténèbres ailleurs, aussitôt qu'ils virent venir un évêque. Quand il arriva sur la rade de Port-au-Prince, escorté d'un vrai clergé, de Frères et de Religieuses voués à l'instruc-tion chrétienne de l'enfance, la malheureuse Haïti était à jamais conquise à la lumière, à la paix, à la foi qui fait grandir les peuples et les sauve, si cette autre Jérusalem l'avait voulu !

Les trois ans et demi qui suivirent, je voudrais, mes frères, vous les raconter avec tous les détails qui firent de son épiscopat si court une grande carrière apostolique. Mais je ne fus jamais hélas! le compagnon, ni même dans cette dernière période, le témoin de ses travaux. Lui-même semblait vouloir oublier chaque jour le bien qu'il avait fait la veille ; je pourrais citer plus d'un jeune prêtre honoré de sa paternelle confiance qui n'a jamais entendu de sa bouche aucun récit de sa campagne de Rome. C'est donc à quelques lambeaux de correspondance, à l'émouvant tableau d'une visite épiscopale publié dans le temps par le saint abbé Guilloux son vicaire général, aux souvenirs d'un petit nombre de conversations intimes où je forçais son cœur fraternel de s'épancher, à ce que les journaux des deux hémisphères enfin ont fait connaître malgré lui de ses œuvres, que je suis réduit à puiser pour exposer en quelques traits devant vous cette partie, plus pleine devant Dieu que les autres, de son histoire.

Au centre de l'immense Diocèse dont il était provisoirement le seul pasteur, mais que l'Eglise, ainsi que je l'ai dit, se réservait de partager entre trois ou quatre évêques, il fit jaillir en un instant comme si sa volonté de fer rendait la terre féconde, toutes les sources qui devaient en renouveler la face. Port-au-Prince eut une église métropolitaine et

paroissiale tout ensemble, où le soin des âmes partagé entre plusieurs prêtres se vit comme couronné
par la splendeur de nos plus imposantes cérémonies;
on y vit renaître agrandies les solennités de la
Semaine Sainte ; on y vit pour la première fois des
ordinations. Une école, dirigée par les Frères, si vénérés en France et aux Antilles, de l'Instruction
Chrétienne, accueillit des centaines d'enfants dans
une vaste maison devenue bientôt insuffisante. Une
autre école, confiée à des religieuses venues de
France (hélas ! j'allais dire de la mère-patrie) introduisait, pour les classes les plus exigeantes comme
pour les plus délaissées, cette complète éducation
des filles qui allait donner des familles chrétiennes à
un pauvre peuple qui ne connaissait presque plus la
famille. Le petit Séminaire lui-même prenait naissance
et devenait florissant ; des prêtres déjà formés à l'enseignement qu'il avait emmenés d'Europe avec lui,
des diacres dont il dirigeait en personne les études
pour achever leur préparation au sacerdoce, formèrent autour de lui une pléiade de professeurs dévoués
qui se mirent intrépidement à former des chrétiens
et à faire germer des prêtres. C'était provisoirement
à Paris qu'il avait placé son grand Séminaire. Là,
sous la direction d'un de ses prêtres, et avec le docte
concours des Pères du Saint-Esprit, vingt jeunes
clercs acquis à sa mission se préparaient par de
sérieuses et calmes études aux labeurs de l'apostolat.

Tout autour de la ville épiscopale et dans le cercle immense de sa juridiction, il allait, accomplissant avec des fatigues inouïes, ce devoir de la visite qui a presque fait le nom d'évêque, arracher à un sommeil voisin de la mort les chrétientés désolées. A cheval, ne cherchant même plus les vieilles routes françaises aujourd'hui coupées par des torrents et changées en forêts; ou bien traversant les baies immenses, quelquefois sur un petit bateau à vapeur, le plus souvent dans une pauvre barque, ou même dans un tronc d'arbre creusé, il arrivait après des journées de vingt lieues à Jacmel, aux Cayes, au Cap, à Saint-Marc, aux Gonaïves. Au moment même de son arrivée, une allocution épiscopale aux foules immenses qui l'attendaient dans la campagne ; dès le lendemain, et pendant les huit ou dix jours suivants, les exercices d'une retraite dont il se réservait la plus grande part, et par laquelle il disposait adultes et enfants à recevoir le sacrement de Confirmation, en attendant qu'on pût les admettre à la Sainte Table ; un jour ou deux consacrés aux pompes sacrées et aux saintes joies des enfants et du père ; tel était l'emploi sans cesse renouvelé de ses heures, pendant ce que j'appellerai volontiers ses campagnes épiscopales.

Un premier fléau, l'incendie, désola une de ses grandes villes, et quelque temps après Port-au-

Prince. Les anges du ciel ont écrit, l'histoire de sa malheureuse Eglise dira sans doute un jour, tout ce que firent alors et le clergé et le grand Archevêque à qui toutes les formes du dévoûment ont toujours été si faciles. Je me souviens seulement que dans une lettre rapide, quelques jours après le désastre, il exhalait surtout sa douleur à la vue de tant de ruines; il ne montrait, pour ainsi dire, que d'un geste, son palais épiscopal transformé en asile universel, les Frères, les Religieuses, un grand nombre d'habitants devenus ses hôtes et menacés de manquer de vivres.

Mais ce n'était là qu'un prélude à de bien autres maux, une blessure profonde sans doute, mais enfin une de ces blessures qui n'ont pas la puissance de tuer un peuple. Quelques mois après, le mal Haïtien par excellence, plus endémique en ce malheureux pays depuis trois-quarts de siècle que la fièvre jaune elle-même, la Révolution éclatait, ou plutôt (car elle ne s'est jamais arrêtée) se trouvait une fois de plus la maîtresse. Geffrard, forcé de céder à la tempête, résigna le titre de Président. Je ne dois ni ne veux, mes frères, tracer devant vous l'histoire politique de ce pays infortuné, ni l'histoire de ses chefs renversés l'un après l'autre, pour ce seul motif peut-être qu'ils ont assez longtemps occupé le pouvoir. La seule figure dont je recherche les traits pour les faire mieux connaître à votre fierté de chrétiens, c'est la figure d'un évêque, de l'évêque dont la main de Dieu va bientôt laisser tomber la vie dans ce gouffre. — Ah ! le comblera-t-elle au moins, comme le sang des martyrs a comblé les abîmes qui séparaient le monde ancien du Christianisme ?

Geffrard ne méritait pas, il ne méritait plus à coup sûr l'intérêt maternel, encore moins la reconnaissance de l'Eglise. Astucieux au début et prodigue de caresses, il ne prenait presque plus la peine de se masquer, et l'Archevêque aurait eu le droit de lui donner un tout autre nom que celui d'ami. Mais Geffrard était tombé ; le cœur de l'Apôtre se sentait déjà entraîné vers son infortune. Des cris de mort s'élevèrent contre Geffrard ; les angoisses du malheureux ne furent pas plus vives que celles de l'Archevêque ; il n'eut plus d'autre pensée que celle de se venger en lui sauvant la vie. Mais que faire ? Tout-à-coup, la rumeur de la ville émue lui apprend qu'une voile française est signalée à l'horizon. Les projets sanguinaires sont suspendus. Au milieu de l'anxiété universelle, le navire que personne n'attendait, dont personne ne pouvait expliquer l'arrivée, jette l'ancre. Un officier se fait conduire au palais de l'Archevêque. C'était son frère ! qu'un concours de circonstances étrangement providentielles amenait près de lui pour une visite de quelques heures. La nuit suivante, le Président déchu, accompagné de sa femme et de ses enfants, protégé contre toutes les colères par l'uniforme français et par la croix d'un évêque, traversait la foule, s'embarquait sans résistance, et pouvait se réfugier à la Jamaïque. Mes frères, lorsque les enfants que Mgr TESTARD DU COSQUER a baptisés les derniers en Haïti demanderont dans vingt ans à leurs pères quel homme et quel cœur c'était que le premier Archevêque de Port-au-Prince, espérons qu'on saura leur raconter cette scène grandiose, la dernière où il fut donné à son peuple de le voir apparaître, ange de la paix, continuateur de Jésus-Christ, personnification de la Sainte Eglise, qui tend les bras à ceux qui tombent, et sauve ceux qui se sont perdus par leur faute.

Encore un mot, et j'aurai fini ma douloureuse et sainte tâche. Vers la fin du mois de mai 1867, Mgr TESTARD DU COSQUER partait de Port-au-Prince après une tempête dont il croyait bien avoir vu les dernières secousses. Appelé par le Souverain Pontife pour célébrer avec les Evêques du monde entier le dix-huit-centième anniversaire du crucifiement de Saint Pierre, il accourait plein de joie aux pieds de celui dont il s'était montré le si digne fils. Ses relations avec le nouveau Président ne lui avaient point paru menaçantes pour ses espérances ; il s'éloignait donc avec la plus entière sécurité, et pr omettait d'un cœur joyeux à ses fidèles prêtres, à ses chers chrétiens, qu'ils le reverraient bientôt. En effet, après avoir passé à Rome quelques jours de bonheur sans mélange au mois de juin ; quelques autres jours, tout pareils à ceux du siège de Rome, au milieu de ses chers Zouaves accomplissant les merveilles de Mentana ; il revenait en France, se hâtant lui aussi de retourner à son poste de combat. Mais hélas ! il avait compté sans l'infernal génie de la Révolution qui, une fois à l'œuvre, ne s'arrête que lorsqu'il n'y a plus rien à détruire. Haïti, la volcanique Haïti est en feu ; la guerre civile est partout ; un tiers du pays est en cendres ; quarante mille hommes ont succombé dans ces luttes sauvages ; trois présidents, tous élus quelque part, se partagent le pays et se disputent le pouvoir. Ses prêtres le supplient de différer son retour.

Ah ! mes frères, c'est là un sacrifice qu'il n'avait point prévu ! Nous l'avons vu entrer dans cette Grotte de l'Agonie ; demander à Dieu que la lumière se fît ; attendre plein d'angoisse chaque courrier qui lui apportait des nouvelles de son malheureux diocèse ; résoudre vingt fois son départ et vingt fois se résigner en frémissant à attendre encore ; consulter Rome parce qu'il ne voulait *voir*, nous écrivait-il, *qu'avec les yeux du Saint-Siège*. Rome en effet vint à son secours. Il lui fut écrit que *le Pape jugeait plus prudent qu'il différât encore de partir pour sa mission, jusqu'à ce qu'il reçût d'autres nouvelles de ce pays.* Il se résignait ; mais en quel noble cœur la résignation supprime-t-elle la souffrance ? Et puis, le repos, un repos infligé par des évènements pleins d'amertume, n'est-il pas pour certaines âmes le plus cruel des supplices ? Demandez-le aux hommes qui ont débuté avec honneur dans la vie, et à qui l'action, c'est-à-dire la vie de leur vie est brusquement interdite. Demandez-le au soldat qui, après avoir donné dans vingt rencontres la mesure de son génie, et le sentant doublé par l'expérience de la guerre, est forcé d'assister l'épée dans le fourreau à des luttes où sa place était glorieusement marquée. Je ne l'ai pas demandé, moi, à cet homme de cœur, à ce grand soldat de Jésus-Christ. Mon œil de frère pour lire au fond de son âme avait à peine besoin de regarder ses yeux ; je ne le sais que trop, ce qu'il appelait d'un nom si vrai son exil fut la plus grande douleur de sa vie. — « Il est mort à la peine, n'est-il pas vrai ? » me disait hier un des hommes qui doivent le mieux comprendre, et au besoin deviner ces choses. Oui, oui, il est mort à la peine, mort de douleur de ne pouvoir assez se donner. En partant pour Rome, le 8 juin dernier, sans songer même aux chaleurs qu'il affrontait, il n'avait qu'un but (Dieu permit qu'il me l'écrivît ce jour-là même afin que je pusse vous le dire) : *exposer une fois de plus sa situation au Pape, connaître non seulement sa volonté (il la* connaissait bien), *mais son désir*, et sur ce désir épié dans un geste, dans un regard, voler vers Haïti et entrer dans la fournaise. Mais la main de Dieu l'arrêta là.

Grâce à Dieu, quand il se coucha, le 4 juillet, pour ne plus se relever dans cette vie, il ne connut pas l'acte sacrilège dirigé contre l'Église de Jésus-Christ bien plus que contre sa personne, par lequel on osait bien en Haïti le déclarer, six jours auparavant, déchu de la dignité épiscopale. Il ne sut point que ses fidèles chrétiens, que son admirable vicaire général, que ses dignes prêtres, pour avoir saintement protesté ce jour-là même de leur inviolable soumission à son autorité, à l'autorité du Souverain-Pontife et de l'Église, étaient les uns emprisonnés, les autres exposés aux plus étranges menaces. Dieu voulait que son serviteur mourût en paix. Il entourait sa couche de tout ce qui élève l'âme et la fortifie, en lui montrant combien l'Église du ciel touche de près l'Église de la terre. Trois fois le Vicaire de Jésus-Christ l'avait béni, béni, avait dit Pie IX, *de toute son âme*; un évêque, missionnaire comme lui, offrait chaque jour en sa présence le Saint-Sacrifice, et lui donnait le pain des forts, le Corps de Jésus-Christ, qui garde les âmes pour la vie éternelle; son frère priait avec lui, et priait en tenant sa main; sa famille qu'il avait tant aimée, il la voyait, disait-il d'un geste mourant, toujours présente à ses yeux et à son cœur ; quelques-uns de ses plus chers amis représentaient là tous les autres, qui pendant vingt jours d'angoisses ne vécurent que de sa vie ; les dignes religieux du Saint-Esprit pleuraient et priaient à ses côtés au nom de leurs frères d'Haïti ; un de ses chers prêtres de Port-au-Prince, l'un de ses fils les plus tendrement dévoués, recueillait pour tout son diocèse sa dernière bénédiction épiscopale ; deux jeunes diacres bretons, veillant jour et nuit à son chevet, lui rappelaient la patrie et le séminaire. Lorsque l'un d'eux eut l'apostolique courage d'approcher une dernière fois la coupe amère de ses lèvres, et lui demanda s'il faisait volontiers à Dieu l'offrande de sa vie, ce fut par un élan de reconnaissance et de joie qu'il répondit. Joie du sacrifice ! car à cette heure et en vue du ciel le sacrifice n'était plus que l'entrée dans la gloire. Enfin, c'est à Rome qu'il lui était donné de fermer les yeux au triste soleil de ce monde ; à Rome, patrie de son sacerdoce et de son épiscopat ; à Rome, tombeau des Saints Apôtres et centre de l'unité catholique ; à Rome, où il est moins amer de vivre et plus doux de mourir, car le ciel y semble plus voisin de la terre ; à Rome enfin, où les pierres elles-mêmes, arrosées du sang des martyrs, nous crient que tout sacrifice est une grâce, et que mourir est un gain pour celui qui meurt au service et dans la paix de Jésus-Christ. AMEN.

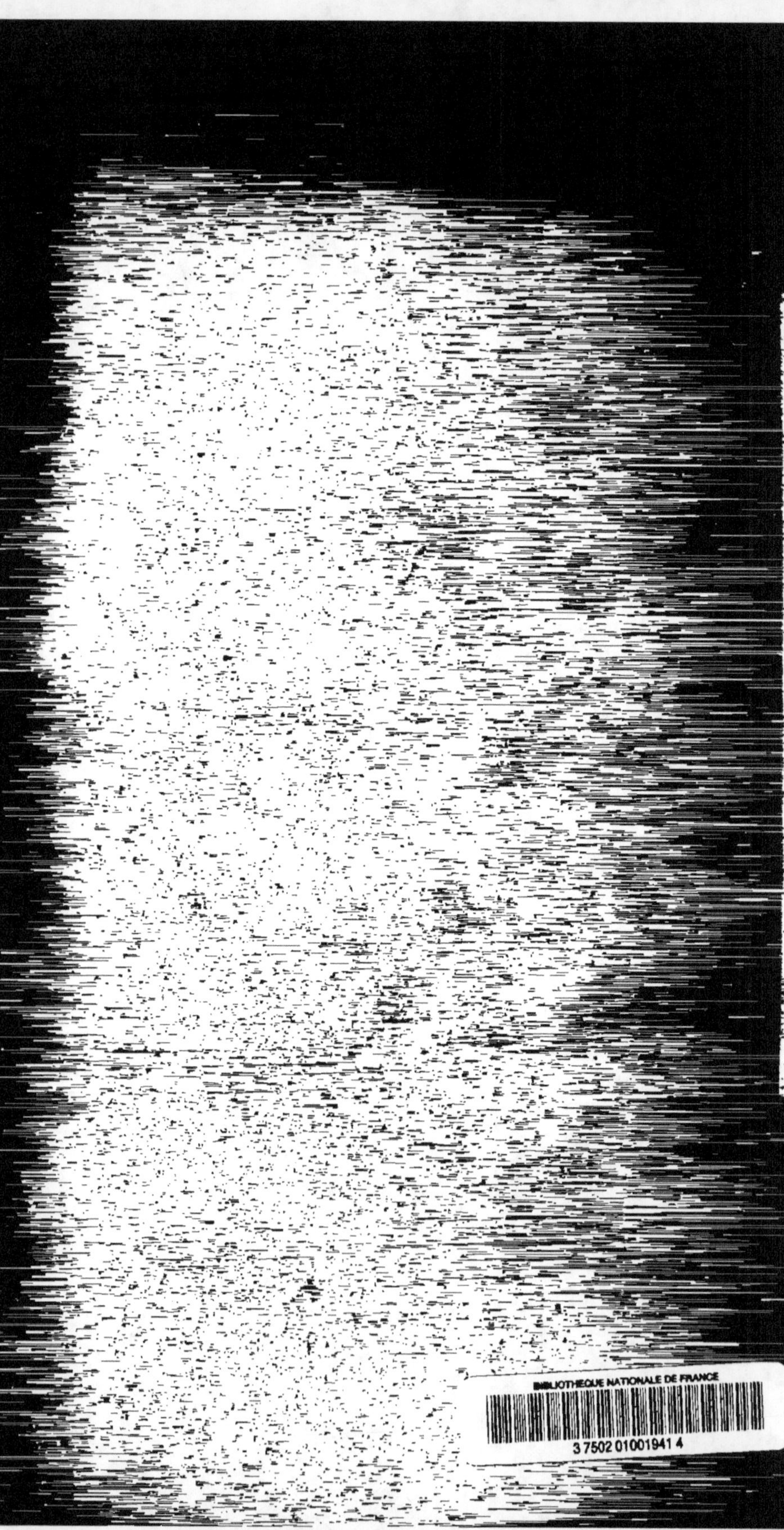

www.ingramcontent.com/pod-product-compliance
Lightning Source LLC
Chambersburg PA
CBHW051725050726
47598CB00003B/1057